Alona Frankel

Es war einmal ein Töpfchen

Mädchen

Ariella Verlag

In Dankbarkeit
Mirjam Pressler gewidmet.
A. Brodt, K. Diehl,
M. Halberstam

Wir bedanken uns bei der Brodt Foundation München für ihre finanzielle Unterstützung, die dieses Buch ermöglicht hat.

Erstveröffentlichung in Israel.

Erste deutsche Auflage © Ariella Verlag, Berlin 2019
Übersetzung: Myriam Halberstam

Redaktionelle Begleitung: Katrin Diehl

Fachliche Beratung: Marguerite Marcus, Kinderärztin

Lektorat: Petra Müller
Korrektorat: Carola Köhler
Layout: fototypo.de, Berlin
Druck: SachsenDruck, Plauen

ISBN 978-3-945530-27-6

Es war einmal ein Töpfchen

Mädchen

verfasst & illustriert von

Alona Frankel

Ariella Verlag

Für meine Söhne Ari und Michael

„Panta rhei“ – Alles fließt
Heraklit

Liebe Eltern,

mein Buch „Es war einmal ein Töpfchen“ soll Kinder beim Umstieg von der Windel aufs Töpfchen begleiten.
Ich habe diese Geschichte geschrieben und illustriert, als mein eigener Sohn noch klein war und sich im „Töpfchengehen“ übte. Ich wollte ihm damit den großen Schritt „von der Windel zum Töpfchen“ anschaulicher und verständlicher machen. Mein Sohn war begeistert von Bildern wie Text. Sie halfen ihm, diese große Veränderung von der Windel zum Töpfchen zu wagen.

Lange Zeit galt es als tabu – selbst zwischen Kindern und Eltern –, übers „Töpfchengehen“ zu sprechen. Das hat sich zum Glück für Eltern wie Kinder längst geändert, und vielleicht hat mein Buch dazu sogar ein wenig beigetragen. Ich glaube, dass bei der Kindererziehung ein direkter und offener Umgang mit allen Körperteilen und deren Funktionen wichtig ist, um aus unseren Kindern gesunde, zufriedene, glückliche und weltzugewandte Menschen werden zu lassen.

In diesem Buch habe ich mich dafür entschieden, die Wörter Löchlein sowie Pipi und Kacka zu benutzen, möchte Sie aber dazu ermutigen, Ihre eigenen, in Ihrer Familie üblichen und Ihrem Kind vertrauten Ausdrücke zu verwenden.

Das Töpfchengehen zu erlernen ist meist ein langwieriger Prozess, der die Geduld von Eltern wie Kindern strapazieren kann. Stellt sich der Erfolg dann endlich ein – und das gelingt nur, wenn das Kind selbst, ohne Stress und Zwang, über den richtigen Zeitpunkt bestimmen kann –, stärkt dies das Selbstbewusstsein des Kindes ungemein: Es hat einen weiteren Schritt in Richtung Unabhängigkeit getan. Klein hat es sich aufs Töpfchen gesetzt, riesengroß ist es von ihm aufgestanden.

Ein kleiner Schritt für die Menschheit, ein großer Schritt für die Familie!
Mit liebevollen Grüßen

Hallo! Ich bin Naomis Mama.
Ich möchte euch von Naomi
und ihrem neuen Töpfchen erzählen.

Das ist Naomi.
Naomi ist ein kleines Mädchen.

Genau wie du hat Naomi einen Körper.
Und dieser Körper hat viele schöne und nützliche Teile:

einen Kopf zum Denken

Augen zum Sehen

Ohren zum Hören

einen Mund
zum Sprechen
und zum Essen

Hände zum Spielen

ein Löchlein
vor der Scheide
zum Pipimachen

Beine zum Laufen
und Gehen

einen Popo zum Sitzen
mit einem kleinen Loch
zum Kackamachen.

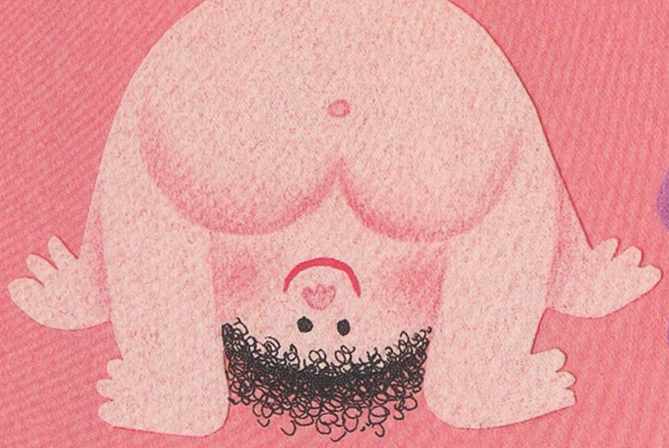

Und hier siehst du, wie Naomi das immer noch macht:

eine saubere Windel

eine Windel mit Pipi und Kacka

Und ich, ihre Mama,
wechsle ihr die Windel.

eine Windel mit Pipi
und Kacka

eine saubere
Windel

Bis eines Tages Naomis Oma kam
und ihr ein großes Geschenk mitbrachte.

Naomi öffnete das Paket
und fand darin ein merkwürdiges Ding.

Was ist denn das?
Ist das vielleicht ein Hut?
Nein, ein Hut ist das nicht.

Ist das vielleicht eine Milchschale für die Katze?
Nein, eine Milchschale für die Katze
ist das nicht.

Ist das vielleicht ein Blumentopf?
Nein, ein Blumentopf ist das nicht.

Ist das vielleicht ein Vogelbad?
Nein, ein Vogelbad ist das nicht.

Es war ein Töpfchen zum Daraufsitzen
und zum Pipi- und Kackamachen.
In das Töpfchen statt in eine Windel.

Wie toll!

Naomi freute sich sehr.

Naomi setzte sich auf das neue Töpfchen.
Und saß und saß
und saß und saß,
und rein gar nichts kam heraus:
weder Pipi
noch Kacka.

Später machte sie
Pipi und Kacka,
aber nicht genau
IN das Töpfchen.

Danach machte sie wieder wie zuvor
Pipi und Kacka in die Windel.
Und ich, Naomis Mama,
wechselte sie ihr.

Aber eines Tages hatte Naomi das Gefühl,
dass Kacka rauskommen wollte.
Sie rannte zu ihrem Töpfchen
und setzte sich drauf.

Sie saß
und saß und saß und saß und saß
und saß und saß und saß und saß
und saß und saß und saß und saß
und saß und saß und saß und saß
und saß und saß und saß und saß
und saß und saß und saß und saß
und saß und saß und saß und saß
und saß und saß und saß und saß
und saß und saß und saß und saß
und saß und saß und saß und saß
und saß und saß und saß und saß
und saß und saß und saß und saß
und saß und saß und saß und saß
und saß und saß und saß und saß
und saß und saß und saß und saß
und saß und saß und saß und saß
und saß und saß und saß und saß
und saß und saß und saß und saß
und saß und saß und saß und saß.

Und als sie aufstand und in das Töpfchen schaute,
sah sie ihr Pipi und ihr Kacka
genau IM Töpfchen!

Naomi war sehr zufrieden und stolz.
Sie kam und zeigte mir ihr volles Töpfchen.
Und ich, Naomis Mama, war auch sehr zufrieden
und stolz auf Naomi.

Und dann trugen wir beide,
Naomi und ich, Naomis Mama,
das Töpfchen ins Badezimmer
und kippten Pipi und Kacka
aus Naomis neuem Töpfchen in die Toilette.

„Auf Wiedersehen, Pipi!
Auf Wiedersehen, Kacka!“,
sagte Naomi.
Und dann spülten wir es runter.
Danach wuschen wir uns die Hände.

Seither findet Naomi es sehr bequem,
Pipi und Kacka auf dem Töpfchen zu machen,
und sie benutzt ihr Töpfchen
jetzt wirklich oft.

Für alle, die es genau wissen wollen:

Das Löchlein beim Mädchen:

Es sitzt zwischen den Beinen am Ende einer kleinen Röhre, die im Körper liegt. Daraus kommt das Pipi. Die Schamlippen der Scheide schützen das Löchlein – die Öffnung der Harnröhre.

Das Löchlein beim Jungen:

Es sitzt ganz vorne am Penis. Daraus kommt das Pipi. Man kann das Löchlein – die Öffnung der Harnröhre – beim Jungen sehen, wenn der Junge beschnitten ist. Ist der Junge nicht beschnitten, wird das Löchlein von einer kleinen Vorhaut bedeckt.

Der internationale Bestseller jetzt endlich auch auf Deutsch!

Für Eltern wie Kinder weltweit ein Klassiker zum Thema „Töpfchentraining".

Eines Tages bekommt Naomi ein hübsches Paket. Darin ist ein „Töpfchen", wie die Mama sagt. Naomi probiert aus, was man mit diesem Töpfchen alles machen kann. Bis sie am Ende darauf sitzt und tut, was zu tun ist.

Alona Frankels „Sir haSirim" (hebr., der Topf der Töpfe) ist ein israelischer Kinderbuchklassiker aus dem Jahr 1975 und gilt als erstes Kleinkinderbuch zum Thema „Töpfchentraining".

Laut „Publisher's Weekly" steht die Jungen-Ausgabe weltweit auf Platz eins und die für Mädchen auf Platz drei der meistverkauften Hardcover-Bücher im Bereich Kindererziehung. Beide wurden in über zehn Sprachen übersetzt und verkauften sich über vier Millionen Mal.

Alona Frankel ist Autorin und Illustratorin von über 40 Kinderbüchern, für die sie weltweit unzählige Preise erhalten hat. 1937 im polnischen Krakau geboren, überlebte sie den Holocaust als „verstecktes" Kind. 1949 emigrierte sie nach Israel und lebt heute in Tel Aviv. „Ich bin so weit!", sagt sie. „Dass ‚Sir haSirim' nun auch in deutscher Sprache erscheint, erfüllt mich mit Freude." Mehr zu Alona Frankel auf www.alonafrankel.com

ISBN 978-3-945530-27-6

9 783945 530276 >

Ariella Verlag